딩 딩 바 이 블 청 소 년 양 육 시 리 즈

양육 3년차 4

열매를 맺어라

|이 대 희 지 음|
예즈덤성경교육원 편

KB206169

저자 **이대희 목사**

장로회신학대학교 신학대학원(M.Div)과 연세대학교 연합신학대학원(Th.M)을 졸업하고 에스라성경대학원대학교에서 성경학박사(D.Litt) 과정을 마쳤다. 예장총회교육자원부 연구원과 서울장신대 교수와 겸임교수를 역임했으며, 분당에 소재한 대안학교인 독수리 기독중고등학교에서 청소년에게 성경을 수년 동안 가르쳤다. 극동방송에서 〈알기 쉬운 성경공부〉 〈기독교 이해〉 〈크리스천 가이드〉 〈전도왕백서〉 〈습관칼럼〉 등 신앙양육 프로그램을 진행했다. 저자는 성경공부와 성경교육 전문사역자로 지난 25여 년 동안 성서사람·성서교회·성서한국·성서나라의 모토를 가지고 한국적 성경교육과 실천사역을 위한 집필과 세미나, 강의사역 등을 하고 있다. 현재 바이블미션 대표와 예즈덤성경교육원 원장, 꿈을주는교회 담임목사로 있다. 저서로는 『30분 성경공부』 시리즈, 『아름다운 십대 성경공부』 시리즈, 『투데이 성경공부』 시리즈, 『틴꿈십대 성경공부』 시리즈, 『인성과 창의력을 중시하는 유대인의 탈무드식 자녀교육법』, 『이야기대화식 성경연구』, 『성품성경공부』 시리즈, 『맛있는 성경공부』, 『맥잡는 기도』, 『전도왕백서』, 『자녀 축복 침상 기도문』, 『누구나 쉽게 배우는 쉬운 기도』, 『예즈덤 성경영재교육』, 『크리스천이여 습관부터 바꿔라』 등 200여 권의 저서가 있다.
e-mail: ckr9191@hanmail.net

딩딩바이블 청소년 양육 시리즈 **열매를 맺어라**

초판1쇄 발행일 | 2015년 11월 15일

지은이 | 이대희
펴낸이 | 김학룡
펴낸곳 | 엔크리스토
마케팅 | 이동석, 오승호
관리부 | 김동인, 신순영, 정재연, 박상진

출판등록 | 2004년 12월 8일(제2004-116호)
주 소 | 경기도 고양시 일산동구 장대길 74-10
전 화 | (031) 906-9191   팩 스 | (0505) 365-9191
이메일 | 9191@korea.com
공급처 | 기독교출판유통

ISBN 979-11-5594-023-5 04230

* 잘못된 책은 바꾸어 드립니다.
* 책값은 뒤표지에 있습니다.

* 이 교재의 사용방법·내용·교육·강의와 세미나에 대한 문의는 예즈덤성경교육원(02-403-0196, 010-2731-9078, http://cafe.naver.com/je66)으로 해주세요. 카페에 각과 내용에 대한 동영상 강의 자료가 있습니다. 참고하시기 바랍니다. 매주 월요일에 엔크리스토 성경대학 지도자 훈련코스가 있습니다(개관반·책별반·주제반·성경영재교육반). 1년에 4학기(봄, 여름, 가을, 겨울)로 운영됩니다.

딩딩바이블 청소년 양육 시리즈를 펴내면서…

딩딩바이블은 그동안 10여 년 넘게 한국 교회 베스트 교재로 많은 사랑을 꾸준히 받아 온 〈아름다운 십대 성경공부〉 시리즈를 보완 발전시켜 새로운 모습으로 탄생된 청소년 양육 시리즈입니다. 지금 한국 교회는 다음 세대를 키우지 못하면 미래가 없습니다.

다음 세대를 효과적으로 키우는 데 딩딩바이블 청소년 양육 시리즈는 크게 기여할 것입니다. 그동안 교회 안에서만 이루어졌던 말씀 교육을 발전시켜 가정, 학교, 생활(주일, 주말, 주간, 방학)을 통합하여 전인적인 교육을 이루는 데 초점을 두었습니다. 세상을 이기기 위해서는 부분보다 통합적, 지식보다 지혜 중심의 양육이 필요합니다.

특히 청소년 시기는 인생과 신앙의 기초를 다져주는 아주 중요한 때입니다. 이때에 꼭 필요한 과정을 잘 양육하면 평생 승리하는 인생을 살 수 있습니다. 청소년들의 눈높이에 맞추어 흥미롭게, 간단하고 쉽게, 깊고 명료하게 삶의 실천을 염두에 두고 전체 내용을 구성했습니다. 5천 년 동안 성경교육으로 세계를 지배하고 있는 유대인의 성경 탈무드 교육보다 더 나은(마 5:20) 한국인에 맞는 복음적인 말씀양육 시리즈가 되길 기도합니다.

저자 이대희

3

•딩딩바이블 청소년 양육 시리즈 특징•

1. **말씀 중심이다** 성경 구절을 찾는 인위적 공부방식에서 탈피하여 본문을 중심으로 성경 전체를 핵심구절로 연결하여 하나님의 본래 의도를 찾도록 구성되었습니다.

2. **흥미롭다** 도입 부분을 십대들의 관심에 맞추어 흥미로운 만화와 삽화로 구성하여 시각적 효과를 높였습니다. 그림과 질문은 닫힌 마음을 열게 하는 효과가 있습니다.

3. **쉽다** 성경공부를 설명식(헬라식)으로 하면 점점 어려워집니다. 그러나 본문 속에서 질문식(히브리식)으로 하면 누구나 쉽게 답할 수 있습니다. 교사가 일방적으로 주입하는 가르침이 아닌 본문의 말씀이 말하는 것을 듣는 방식으로 구성되었기에 교사와 학생이 모두 쉽게 공부할 수 있습니다. 내가 말씀을 보는 것이 아니라 말씀이 나를 보게 해야 합니다.

4. **단순하다** 6개의 질문(관찰: 4개, 해석: 1개, 적용: 1개)으로 누구나 즐겁게 성경공부에 참여할 수 있습니다. 30분 내외의 분반 시간에 끝낼 수 있도록 구성했습니다. 상황에 따라 꼬리질문을 확장할 수 있습니다.

5. **깊다** 깊은 질문으로 말씀의 은혜를 경험할 수 있고 시간이 갈수록 말씀 속으로 빠져듭니다. 해석 질문은 영혼의 깨달음을 갖게 합니다(보통 십대 교재는 해석질문이 없습니다. 여기서 대화를 통한 깊은 나눔을 할 수 있습니다).

6. **균형있다** 십대에 필요한 핵심 주제와 다양한 양육영역(성경·복음·정체성·신앙·생활·인성·공부·인물·습관)을 골고루 제시하여 균형잡힌 신앙성장을 갖도록 했습니다.

7. **명료하다** 현실적으로 짧은 성경공부 시간에 여러 가지 내용을 다룰 수 없기에 한 가지 핵심적인 내용을 명료하게 다루어 분반 공부 효과를 극대화 하도록 했습니다.

8. **공부도 해결한다** 성경공부를 통해 신앙과 더불어 학교공부(사고력·논리력·분석력·집중력·분별력·상상력)도 함께 키울 수 있도록 구성되었습니다.

9. 다양하다 주5일근무제에 맞추어 주일 분반공부, 토요주말학교, 가족밥상머리교육, 제자훈련 등 다양하게 사용할 수 있습니다.

10. 전인적이다 주일 하루만 하는 교육이 아니라 가정, 교회, 학교와 주일, 주말, 주간, 방학, 성인식을 통합하여 전 삶의 차원에서 적용할 수 있는 양육과정입니다.

•성경공부 진행 방법•

마음열기 시작하기 전에 그림과 만화를 통해 공부할 주제를 기대감과 흥미를 갖게 합니다.

말씀과 소통하기 오늘 성경본문에 대한 네 가지 질문을 하면서 본문과 소통을 합니다.

포인트 해당 본문의 핵심을 간단하게 정리해 줍니다.

말씀과 공감하기 본문 말씀 내용 중에 생각해야 할 문제를 관계된 다른 성경구절(말씀Tip)을 통하여 깊은 깨달음을 얻도록 돕는 과정입니다.

삶에 실행하기 깨달은 말씀의 교훈을 개인의 삶에 적용합니다.

실천을 위한 Tip 삶 속에서 실천할 수 있도록 구체적인 지침을 제공합니다.

|교회와 가정과 학교(주일·주말·주간·방학)를 통합한 1318 전인교육|

•딩딩바이블 청소년 양육 시리즈 전체 양육과정표•

중·고등부 6년 과정에 맞추어 4개 코스로 구성되었습니다. 양육 코스는 3년, 심화 코스는 3년, 성장 코스는 자유롭게 사용하도록 구성했습니다.
이것은 주간에 자기 주도적으로 습관화 하는 과정입니다. 성숙 코스는 방학에 사용하는 캠프용과 십대과정을 마무리하는 성인식이 있습니다.
'복음 코스'와 '성경 코스'는 교사와 학생이 공통으로 할 수 있는 특별과정입니다.

| 양육 코스 |

구분	코스	영역		1년차	2년차	3년차
주일	양육	1	복음	예수십대	복음뼈대	신앙원리
		2	정체성	나는 누구야	가치관이 뭐야	비전과 진로가 뭐야
		3	신앙	왜 믿니?	왜 사니?	왜 인생수업이니?
		4	생활	십대를 창조하라	유혹을 이겨라	열매를 맺어라

| 심화 코스 |

구분	코스	영역		1년차	2년차	3년차
주일 (주말)	심화	1	Q.A	신앙이 궁금해	교리가 궁금해	성경이 궁금해
		2	인성	인간관계 어떻게?	중독탈출 어떻게?	창의인성 어떻게?
		3	공부	공부법 정복하기	학교공부 뛰어넘기	인생공부 따라잡기
		4	인물	하나님人	예수人	성령人

| 성장 코스(자기주도 코스) |

구분	코스	영역		1년차	2년차	3년차
주일 (주말, 주간)	자기 주도	1	영성	말씀생활 읽기, 암송, 큐티	기도생활 기도, 대화	전도생활 증거, 모범
		2	습관	생활습관 음식, 수면, 운동	공부습관 공부, 시간, 플래닝	태도습관 태도, 성품

| 성숙 코스(마무리 코스) |

구분	코스	영역		1년차	2년차	3년차
방학	캠프	1	영재	신앙과 공부를 함께 해결하는 크리스천 영재 캠프 (3박4일)		
전체	성인식	2	전인	중등부·고등부 (성인식 통과의례 1, 2) - 예수사람 만들기		

•복음 코스(교사와 학생 공통)•

구분	코스	영역	공통과정
모든 세대	복음	새신자	한눈으로 보는 복음 이야기 (새신자 양육)
		불신자	세상에서 가장 복된 소식 당신은 아십니까? (대화식 전도지)

•성경 코스(교사와 학생 공통)•

구분	코스	영역	공통과정
모든 세대	성경	구약	단숨에 꿰뚫는 구약성경관통
		신약	단숨에 꿰뚫는 신약성경관통

차례

열매 없는 나무는 죽은 것이다

신앙은 지식이 아닌 생명입니다. 생명은 삶을 변화시키고 자라게 합니다. 때문에 신앙은 삶으로 나타나야 합니다. 삶으로 표출되지 않는 신앙은 죽은 것입니다. 뿌리에서 진액을 먹으면 나무가 자라고 성장합니다. 시간이 지나면 가지와 잎이 나오고 꽃이 피면서 열매를 맺습니다. 이것은 생명의 자연스러운 과정입니다.

죽은 나무는 자라지 않고 열매를 맺지 못합니다. 신앙도 마찬가지입니다. 정말 살아 있는 신앙이라면 삶 속에서 열매를 맺어야 합니다. 열매가 나무 자신을 위해서가 아니라 다른 생명체를 위해 맺히듯 신앙의 열매도 이와 같습니다. 그리스도인에게 나타나는 삶의 열매는 다른 사람의 유익을 위해서, 또 하나님의 영광을 위해서 사용되어야 합니다.

이 책에 제시된 삶의 열매들은 그리스도인의 삶에서 자연스럽게 맺히는 성

령의 열매들입니다. 오직 성령의 역사로만 그 열매가 맺힙니다. 인간의 힘으로는 맺기 힘듭니다. 가지가 나무에 붙어 있을 때 열매가 맺히는 것과 같습니다.

성령의 충만함을 받으면 생활 속에서 열매들이 자연스럽게 맺힙니다. 열매를 보고 그 신앙을 알 수 있습니다. 이 과정을 공부하면서 이 책에 제시된 열매들이 삶 속에 맺히기를 기대합니다. 그리고 주 안에 거하는 삶을 살기를 기도합니다.

> 오직 성령의 열매는 사랑과 희락과 화평과 오래 참음과 자비와
> 양선과 충성과 온유와 절제니 이같은 것을 금지할 법이 없느니라 (갈 5:22-23)

01

사랑의 열매

 마음열기

1. 하나님의 위대한 사랑이 무엇인지 서로 생각을 나누어 보세요.

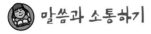 말씀과 소통하기

•고린도전서 13:4-13을 읽으세요.

4 사랑은 오래 참고 사랑은 온유하며 시기하지 아니하며 사랑은 자랑
  하지 아니하며 교만하지 아니하며
5 무례히 행하지 아니하며 자기의 유익을 구하지 아니하며 성내지 아
  니하며 악한 것을 생각하지 아니하며
6 불의를 기뻐하지 아니하며 진리와 함께 기뻐하고
7 모든 것을 참으며 모든 것을 믿으며 모든 것을 바라며 모든 것을 견
  디느니라
8 사랑은 언제까지나 떨어지지 아니하되 예언도 폐하고 방언도 그치
  고 지식도 폐하리라
9 우리는 부분적으로 알고 부분적으로 예언하니
10 온전한 것이 올 때에는 부분적으로 하던 것이 폐하리라
11 내가 어렸을 때에는 말하는 것이 어린아이와 같고 깨닫는 것이 어린
  아이와 같고 생각하는 것이 어린아이와 같다가 장성한 사람이 되어
  서는 어린아이의 일을 버렸노라
12 우리가 지금은 거울로 보는 것 같이 희미하나 그때에는 얼굴과 얼굴
  을 대하여 볼 것이요 지금은 내가 부분적으로 아나 그때에는 주께
  서 나를 아신 것 같이 내가 온전히 알리라
13 그런즉 믿음, 소망, 사랑, 이 세 가지는 항상 있을 것인데 그 중의 제
  일은 사랑이라

1. 사랑하는 사람은 생활에서 어떤 열매가 나타납니까?(4-7)

2. 예언, 지식, 방언과 비교해 볼 때 사랑이 더 위대한 점은 무엇입니까?
   (8-10)

3. 마지막에 주님을 만날 때는 어떤 일이 생깁니까? 세상에서 일어나는 일의
   한계점은 무엇입니까?(11-12)

4. 항상 존재하는 세 가지는 무엇이며 그중에 제일은 무엇입니까?(13)

●POINT●

사랑이 모든 것 중에 가장 중요한 이유는 영원하기 때문입니다. 세상 모든 것은 결국
사라지지만 사랑은 영원합니다. 하지만 많은 사람들이 잠시 있다 없어질 것을 붙잡
고 살아갑니다. 인생을 그렇게 살면 마지막은 허무하지만 사랑을 위해서 살면 허무
하지 않습니다. 하나님은 사랑이십니다. 모든 것은 사랑을 위해 존재하고 사랑을 목
표로 해야 합니다. 그렇지 않은 세상의 일은 아무리 대단해도 의미가 없습니다.

말씀과 공감하기

1. 신앙의 마지막 열매는 사랑입니다. 사랑의 열매가 맺히지 않으면 잘못된
   것입니다. 사랑의 모습은 다양하게 나타나기에 하나로 정의하기 어렵습니
   다. 사랑의 열매를 맺기 위해서 우리가 해야 할 일은 무엇입니까?

말씀
Tip

사랑하는 자들아 우리가 서로 사랑하자 사랑은 하나님께 속한 것이니 사랑하는
자마다 하나님으로부터 나서 하나님을 알고 사랑하지 아니하는 자는 하나님을
알지 못하나니 이는 하나님은 사랑이심이라 하나님의 사랑이 우리에게 이렇게
나타난 바 되었으니 하나님이 자기의 독생자를 세상에 보내심은 그로 말미암아
우리를 살리려 하심이라(요일 4:7-9)

우리가 하나님을 사랑하고 그의 계명들을 지킬 때에 이로써 우리가 하나님의 자
녀를 사랑하는 줄을 아느니라 하나님을 사랑하는 것은 이것이니 우리가 그의 계
명들을 지키는 것이라 그의 계명들은 무거운 것이 아니로다(요일 5:2-3)

사랑은 이웃에게 악을 행하지 아니하나니 그러므로 사랑은 율법의 완성이니라
(롬 13:10)

삶에 실행하기

1. 내 힘으로는 삶에서 사랑의 열매를 맺을 수 없습니다. 가지가 나무에 붙어 있는 것처럼 내가 예수님 안에 있어야 사랑의 열매를 맺을 수 있습니다. 주님에게서 힘을 얻으면 누구든지 사랑할 수 있습니다. 주님께 붙어서 주님의 사랑을 받는 방법을 이야기해 보십시오.

실천을 위한 Tip

이런 때는 어떻게?

• 나는 다음과 같은 상황에서 어떻게 행동하는지 말해 보십시오.

-화가 날 때:

-지치고 힘이 들 때:

-남이 나를 시기할 때:

-불의한 일을 당할 때:

-애매한 고난을 당할 때:

-일이 뜻대로 잘 안될 때:

-다른 사람이 잘될 때:

기쁨의 열매

😊 마음열기

1. 지금까지 삶에서 가장 기뻤던 때는 언제였습니까?

15

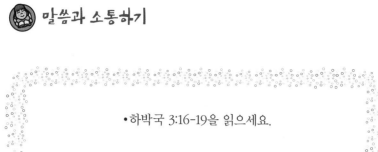

말씀과 소통하기

• 하박국 3:16-19을 읽으세요.

16 내가 들었으므로 내 창자가 흔들렸고 그 목소리로 말미암아 내 입
술이 떨렸도다 무리가 우리를 치러 올라오는 환난 날을 내가 기다리
므로 썩이는 것이 내 뼈에 들어왔으며 내 몸은 내 처소에서 떨리는
도다

17 비록 무화과나무가 무성하지 못하며 포도나무에 열매가 없으며 감
람나무에 소출이 없으며 밭에 먹을 것이 없으며 우리에 양이 없으
며 외양간에 소가 없을지라도

18 나는 여호와로 말미암아 즐거워하며 나의 구원의 하나님으로 말미
암아 기뻐하리로다

19 주 여호와는 나의 힘이시라 나의 발을 사슴과 같게 하사 나를 나의
높은 곳으로 다니게 하시리로다 이 노래는 지휘하는 사람을 위하여
내 수금에 맞춘 것이니라

1. 하박국 선지자는 지금 어떤 상황입니까?(16)

2, 이스라엘이 바벨론의 침략으로 황폐해져서 어려운 상황이 되었는데 그 내용을 말해 보십시오.(17)

3. 하박국은 희망이 없는 상황에서 어떤 삶의 열매를 맺고 있습니까?(18)

4. 하나님은 어떤 분이십니까? 우리는 어려운 상황에서도 어떻게 하며 살아야 합니까?(19)

•POINT•

인생은 즐거운 날보다 힘든 날이 더 많습니다. 그것은 인간이 지은 죄 때문입니다. 모든 인간은 걱정 근심을 안고 살아갑니다. 세상에서는 인간이 아무리 노력해도 영원한 기쁨을 얻기 어렵습니다. 잠시 기쁨을 얻을 뿐입니다. 인간 안에는 기쁨이 없습니다. 하지만 기쁨의 근원이신 주님을 바라보고 신뢰하면 기쁨을 얻을 수 있습니다. 진정한 기쁨은 환경이 아니라 하나님에 대한 믿음에서 결정됩니다.

말씀과 공감하기

1. 상황이 좋을 때 생기는 기쁨보다 환난 중에서 기뻐하는 것이 진정한 기쁨
   입니다. 왜 그런지 그 이유를 말해 보십시오. 아울러 상황이 좋지 않을 때
   우리가 어떻게 기뻐할 수 있는지 말해 보십시오.

생각하건대 현재의 고난은 장차 우리에게 나타날 영광과 비교할 수 없도다(롬
8:18)

주 안에서 항상 기뻐하라 내가 다시 말하노니 기뻐하라(빌 4:4)

너의 하나님 여호와가 너의 가운데에 계시니 그는 구원을 베푸실 전능자이시라
그가 너로 말미암아 기쁨을 이기지 못하시며 너를 잠잠히 사랑하시며 너로 말미
암아 즐거이 부르며 기뻐하시리라 하리라(습 3:17)

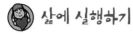 **삶에 실행하기**

1. 현재 나의 생활에서 기쁨을 빼앗아 가는 주범은 무엇인지 살펴보고 이야기를 나누어 보십시오.

실천을 위한 Tip

기쁨을 얻는 비결

• 기쁨의 근원은 인간이 아닌 하나님 안에 있습니다. 사람에게서 기쁨을 찾을수록 기쁨을 얻을 수 없습니다. 그렇다면 어떤 상황에서도 기뻐할 수 있는 구체적인 비결을 말해 보십시오.

-말씀과 만나는 시간을 지속적으로 갖는다.(　)

-기도하는 시간을 갖는다.(　)

-믿음의 사람들과 교제한다.(　)

-고난 중에 하나님을 신뢰하는 법을 배운다.(　)

-보이는 가치보다 보이지 않는 영원한 가치에 우선을 둔다.(　)

-예배를 통하여 설교 말씀을 듣는다.(　)

03

평화의 열매

 마음열기

> 평 화 의 기 도
>
> 주 님
> 저를 당신의 도구로 써주소서
> 미움이 있는 곳에 사랑을
> 다툼이 있는 곳에 용서를
> 분열이 있는 곳에 일치를
> 의혹이 있는 곳에 신앙을
> 그릇됨이 있는 곳에 진리를
> 절망이 있는 곳에 희망을
> 어두움에 빛을
> 슬픔이 있는 곳에 기쁨을
> 가져오는 자가 되게 하소서
>
> 성 프란체스코

1. 위의 기도문을 읽고 느낀 점은 무엇입니까? 나는 주로 어떤 기도를 드립
   니까?

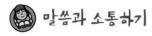

말씀과 소통하기

• 창세기 13:1-13을 읽으세요.

1 아브람이 애굽에서 그와 그의 아내와 모든 소유와 롯과 함께 네게
브로 올라가니

2 아브람에게 가축과 은과 금이 풍부하였더라

3 그가 네게브에서부터 길을 떠나 벧엘에 이르며 벧엘과 아이 사이 곧
전에 장막 쳤던 곳에 이르니

4 그가 처음으로 제단을 쌓은 곳이라 그가 거기서 여호와의 이름을
불렀더라

5 아브람의 일행 롯도 양과 소와 장막이 있으므로

6 그 땅이 그들이 동거하기에 넉넉하지 못하였으니 이는 그들의 소유
가 많아서 동거할 수 없었음이니라

7 그러므로 아브람의 가축의 목자와 롯의 가축의 목자가 서로 다투고
또 가나안 사람과 브리스 사람도 그 땅에 거주하였는지라

8 아브람이 롯에게 이르되 우리는 한 친족이라 나나 너나 내 목자나
네 목자나 서로 다투게 하지 말자

9 네 앞에 온 땅이 있지 아니하냐 나를 떠나가라 네가 좌하면 나는 우
하고 네가 우하면 나는 좌하리라

10 이에 롯이 눈을 들어 요단 지역을 바라본즉 소알까지 온 땅에 물이
넉넉하니 여호와께서 소돔과 고모라를 멸하시기 전이었으므로 여
호와의 동산 같고 애굽 땅과 같았더라

11 그러므로 롯이 요단 온 지역을 택하고 동으로 옮기니 그들이 서로
떠난지라

12 아브람은 가나안 땅에 거주하였고 롯은 그 지역의 도시들에 머무르
며 그 장막을 옮겨 소돔까지 이르렀더라

13 소돔 사람은 여호와 앞에 악하며 큰 죄인이었더라

1. 아브람이 애굽을 나올 때 어떤 모습이었습니까?(1-2)

2. 아브람과 롯 사이에 어떤 문제가 발생했습니까?(3-6)

3. 아브람이 문제 해결을 위해 롯에게 무엇을 제안했습니까?(7-9)

4. 롯과 아브람은 각각 어디에 거주했습니까?(10-13)

●POINT●

사람은 서로 의지하고 도우면서 살도록 지어졌습니다. 그렇지만 함께 있을수록 다툼
과 갈등이 생기는 경우가 많습니다. 그것은 자기 유익을 먼저 생각하는 악한 성품과
인간의 욕심 때문입니다. 어느 순간 물질이 사람의 마음을 사로잡으면 분별력이 상
실되어 다툼이 일어납니다. 그리스도인의 정체성은 평화를 만드는 사람입니다. 우리
가 구원받은 것은 이런 평화를 주님이 이루셨기 때문입니다.

말씀과 공감하기

1. 아브람이 롯에게 기꺼이 양보할 수 있었던 가장 큰 이유는 무엇입니까?
   그리스도인이 화평하게 하는 자가 되기 위해서 마음에 기억해야 할 내용
   은 무엇입니까?

화평하게 하는 자는 복이 있나니 그들이 하나님의 아들이라 일컬음을 받을 것임
이요(마 5:9)

모든 것이 하나님께로서 났으며 그가 그리스도로 말미암아 우리를 자기와 화목
하게 하시고 또 우리에게 화목하게 하는 직분을 주셨으니 곧 하나님께서 그리
스도 안에 계시사 세상을 자기와 화목하게 하시며 그들의 죄를 그들에게 돌리지
아니하시고 화목하게 하는 말씀을 우리에게 부탁하셨느니라 그러므로 우리가
그리스도를 대신하여 사신이 되어 하나님이 우리를 통하여 너희를 권면하시는
것같이 그리스도를 대신하여 간청하노니 너희는 하나님과 화목하라(고후 5:18-
20)

마른 떡 한 조각만 있고도 화목하는 것이 제육이 집에 가득하고도 다투는 것보
다 나으니라(잠 17:1)

곧 우리가 원수 되었을 때에 그의 아들의 죽으심으로 말미암아 하나님과 화목하
게 되었은즉 화목하게 된 자로서는 더욱 그의 살아나심으로 말미암아 구원을 받
을 것이니라(롬 5:10)

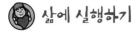 삶에 실행하기

1. 나는 모든 일에 있어서 화목을 이루는 자입니까 아니면 화목을 깨는 자입니까? 나를 통해 화목하게 된 경우가 얼마나 있었는지 이야기해 보십시오.

실천을 위한 Tip

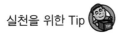

• 사람과 관계가 좋지 않은 것은 사람보다 물질을 우선으로 두었기 때문입니다. 사람과의 관계를 우선으로 두면 조금 손해를 봐도 넉넉히 이길 수 있습니다. 평화를 만드는 사람이 되기 위해서 내가 훈련해야 할 부분은 무엇입니까? 내가 실천하고픈 곳에 O표를 하십시오.

-이웃을 내 몸처럼 생각한다.(   )

-이웃은 또 다른 나라고 생각한다.(·)

-이웃을 사랑하는 것이 나를 사랑하는 것이다.(   )

-사람과 물질 사이에서는 언제나 사람을 먼저 택한다.(   )

-십자가의 화목 정신을 삶에서 실천한다.(   )

-다투는 일이 생길 때는 내가 먼저 포기한다.(   )

04

온유의 열매

온유는 극단을 피하는 마음이며 인간이 정서의 균형을 잃지 않는 상태다.

요한 웨슬리 (감리교 창시자)

온유는 분노와 잔인성 혹은 적대감을 가지지 않는 친절하고 자비로운 행동을 가진 행동을 뜻한다.

슈바이처 (노벨 평화상 수상자)

그리스도를 위하여 자신의 권리까지도 모두 포기한 사람을 말한다.

본 회퍼 (독일의 신학자)

😊 마음열기

1. 나는 온유에 대해 어떻게 정의를 내리는지 말해 보십시오. 주위에 온유한
  사람이 있으면 이야기해 보십시오.

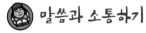
•사무엘하 16:5-14을 읽으세요.

5 다윗 왕이 바후림에 이르매 거기서 사울의 친족 한 사람이 나오니 게라의 아들이요 이름은 시므이라 그가 나오면서 계속하여 저주하고

6 또 다윗과 다윗 왕의 모든 신하들을 향하여 돌을 던지니 그 때에 모든 백성과 용사들은 다 왕의 좌우에 있었더라

7 시므이가 저주하는 가운데 이와 같이 말하니라 피를 흘린 자여 사악한 자여 가거라 가거라

8 사울의 족속의 모든 피를 여호와께서 네게로 돌리셨도다 그를 이어서 네가 왕이 되었으나 여호와께서 나라를 네 아들 압살롬의 손에 넘기셨도다 보라 너는 피를 흘린 자이므로 화를 자초하였느니라 하는지라

9 스루야의 아들 아비새가 왕께 여짜오되 이 죽은 개가 어찌 내 주 왕을 저주하리이까 청하건대 내가 건너가서 그의 머리를 베게 하소서 하니

10 왕이 이르되 스루야의 아들들아 내가 너희와 무슨 상관이 있느냐 그가 저주하는 것은 여호와께서 그에게 다윗을 저주하라 하심이니 네가 어찌 그리하였느냐 할 자가 누구겠느냐 하고

11 또 다윗이 아비새와 모든 신하들에게 이르되 내 몸에서 난 아들도 내 생명을 해하려 하거든 하물며 이 베냐민 사람이랴 여호와께서 그에게 명령하신 것이니 그가 저주하게 버려두라

12 혹시 여호와께서 나의 원통함을 감찰하시리니 오늘 그 저주 때문에 여호와께서 선으로 내게 갚아 주시리라 하고

13 다윗과 그의 추종자들이 길을 갈 때에 시므이는 산비탈로 따라가면서 저주하고 그를 향하여 돌을 던지며 먼지를 날리더라

14 왕과 그와 함께 있는 백성들이 다 피곤하여 한 곳에 이르러 거기서 쉬니라

1. 사울의 친족 중 한 사람인 시므이가 다윗에게 무엇이라 저주했습니까?(5-8)

2. 시므이가 저주한 것을 보고 다윗의 측근인 스루야의 아들 아비새가 무엇이라 말했습니까?(9)

3. 다윗은 아비새의 요청을 거절했는데 그 내용은 무엇입니까?(10-12)

4. 시므이는 다윗에게 무엇이라 저주했습니까?(13-14)

•POINT•

지도자에게 가장 필요한 덕목은 온유함입니다. 마음이 한없이 크고 넓어야 온유할
수 있습니다. 주님은 온유한 마음을 가지셨습니다. 주님을 닮으면 온유함이 생깁니
다. 온유함은 인간 스스로의 노력으로는 절대 가질 수 없습니다. 인간의 혈기와 감
정에 좌우되지 않고 오직 하나님께 마음을 둘 때만 맺을 수 있는 열매입니다. 주님의
마음을 품을 때 우리도 주님처럼 온유할 수 있습니다.

말씀과 공감하기

1. 온유함은 절제된 행동입니다. 인간의 감정과 욕심에 사로잡히면 온유함을 나타낼 수 없습니다. 온유함을 소유한 사람은 지도자로서의 자격을 갖춘 셈입니다. 그러한 지도자는 많은 사람을 이끌 수 있습니다. 우리가 어떻게 하면 온유한 사람이 될 수 있습니까?

온유한 자는 복이 있나니 그들이 땅을 기업으로 받을 것임이요(마 5:5)

나는 마음이 온유하고 겸손하니 나의 멍에를 메고 내게 배우라 그리하면 너희 마음이 쉼을 얻으리니(마 11:29)

그가 곤욕을 당하여 괴로울 때에도 그의 입을 열지 아니하였음이여 마치 도수장으로 끌려가는 어린 양과 털 깎는 자 앞에서 잠잠한 양같이 그의 입을 열지 아니하였도다(사 53:7)

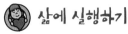 삶에 실행하기

1. 나는 사람들 사이에서 온유함을 얼마나 드러내고 있습니까? 가장 잘 되
   지 않는 부분은 무엇입니까?

실천을 위한 Tip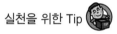

온유한 마음을 주소서

• 내가 온유한 사람이 되기 위해서 가장 먼저 실천해야 할 내용이
  있습니까?

  -사람의 감정과 기분에 움직이기보다는 하나님께서 주신 마음에 따라 움
   직인다.(   )
  -분노와 화가 날 때는 열 번 정도 수를 세면서 마음을 정리한다.(   )
  -말씀의 기준으로 사람을 대한다.(   )
  -내 생각이 아닌 주님의 입장에서 사람을 대하려고 한다.(   )
  -내가 다 안다고 교만하게 생각하지 말고 늘 배우는 자세를 가진다.(   )
  -모든 일을 할 때 상대방의 입장에서 먼저 생각하는 훈련을 한다.(   )

자비의 열매

🧑 마음열기

1. 약한 사람을 괴롭히는 일이 좋지 않음을 알면서도 계속 그런 일을 행하는 이유는 무엇이라고 생각합니까? 혹시 나는 괴롭힘을 당한 적이 있습니까?

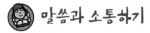 **말씀과 소통하기**

• 누가복음 10:25-37을 읽으세요.

25 어떤 율법교사가 일어나 예수를 시험하여 이르되 선생님 내가 무엇을 하여야 영생을 얻으리이까

26 예수께서 이르시되 율법에 무엇이라 기록되었으며 네가 어떻게 읽느냐

27 대답하여 이르되 네 마음을 다하며 목숨을 다하며 힘을 다하며 뜻을 다하여 주 너의 하나님을 사랑하고 또한 네 이웃을 네 자신 같이 사랑하라 하였나이다

28 예수께서 이르시되 네 대답이 옳도다 이를 행하라 그러면 살리라 하시니

29 그 사람이 자기를 옳게 보이려고 예수께 여짜오되 그러면 내 이웃이 누구니이까

30 예수께서 대답하여 이르시되 어떤 사람이 예루살렘에서 여리고로 내려가다가 강도를 만나매 강도들이 그 옷을 벗기고 때려 거의 죽은 것을 버리고 갔더라

31 마침 한 제사장이 그 길로 내려가다가 그를 보고 피하여 지나가고

32 또 이와 같이 한 레위인도 그 곳에 이르러 그를 보고 피하여 지나가되

33 어떤 사마리아 사람은 여행하는 중 거기 이르러 그를 보고 불쌍히 여겨

34 가까이 가서 기름과 포도주를 그 상처에 붓고 싸매고 자기 짐승에 태워 주막으로 데리고 가서 돌보아 주니라

35 그 이튿날 그가 주막 주인에게 데나리온 둘을 내어 주며 이르되 이 사람을 돌보아 주라 비용이 더 들면 내가 돌아올 때에 갚으리라 하였으니

36 네 생각에는 이 세 사람 중에 누가 강도 만난 자의 이웃이 되겠느냐

37 이르되 자비를 베푼 자니이다 예수께서 이르시되 가서 너도 이와 같이 하라 하시니라

1. 율법교사는 예수님께 무엇을 질문했으며, 예수님은 무엇이라 답하셨습니까?(25-28)

2. 율법교사가 자기를 옳게 보이려고 "내 이웃이 누구니이까"라고 질문했는데, 이때 예수님이 들려준 비유를 정리해 보십시오.(29-35)

3. 세 사람 중에 누가 강도 만난 자의 이웃입니까?(36-37)

4. 예수님은 교훈을 깨닫게 하신 후에 율법교사에게 무엇이라 말씀하셨습니까?(37)

•POINT•

"누가 이웃인가?" 하는 질문에는 아주 다양한 답이 나올 수 있습니다. 가까운 사람, 오래 알고 지낸 사람, 친척과 형제, 직장 동료, 같은 민족 등 그 대답은 다양합니다. 예수님이 말씀하신 이웃은 지식적인 이웃이 아니라 실제적으로 도움을 주고 자신의 몸처럼 상대방을 대하는 사람입니다. 자비의 마음을 갖고 직접 행동하는 그 사람이 이웃입니다. 혹시 나와 다른 민족이거나 적대 관계에 있을지라도 그것이 기준이 될 수 없습니다.

말씀과 공감하기

1. 왜 제사장과 레위인은 그냥 지나갔을까요? 사마리아 사람은 왜 강도 만
   난 사람을 적극적으로 도와주었을까요? 사마리아 사람이 자비를 베푼 동
   기는 무엇입니까? 자비에 대한 생각을 갖고 있고 지식적으로 알고 있어도
   그것이 행동으로 이어지지 못하는 이유는 무엇이라고 생각합니까?

우리가 아직 죄인되었을 때에 그리스도께서 우리를 위하여 죽으심으로 하나님
께서 우리에 대한 자기의 사랑을 확증하셨느니라(롬 5:8)

너희 아버지의 자비로우심같이 너희도 자비로운 자가 되라(눅 6:36)

그러므로 너희는 하나님이 택하사 거룩하고 사랑 받는 자처럼 긍휼과 자비와 겸
손과 온유와 오래 참음을 옷 입고(골 3:12)

삶에 실행하기

1. 내 주변에 자비를 베풀어야 할 사람이 있다면 그는 어떤 사람입니까? 자비의 마음이 행동으로 이어지기 위해서 내가 해야 할 일은 무엇입니까?

실천을 위한 Tip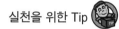

하나님의 자비를 실천하라

• 하나님의 자비를 체험한 사람이 다른 사람에게 하나님의 자비를 베풀 수 있습니다. 내가 체험해야 할 하나님의 자비가 무엇인지 구체적으로 말해 보십시오.

-십자가에서 죽으신 주님의 모습이 무엇인지 묵상하십시오.
-돌에 맞아 죽는 스데반의 모습이 무엇인지 묵상하십시오.
-제자들이 어떻게 순교했는지 그 모습을 묵상하십시오.

"그리스도의 (   )이 우리를 강권하시는도다 우리가 생각하건대 한 사람이 모든 사람을 대신하여 죽었은즉 모든 사람이 죽은 것이라 그가 모든 사람을 대신하여 죽으심은 살아 있는 자들로 하여금 다시는 그들 (   )을 위하여 살지 않고 오직 그들을 대신하여 죽었다가 다시 살아나신 이를 위하여 살게 하려 함이라 그러므로 우리가 이제부터는 어떤 사람도 (   )을 따라 알지 아니하노라 비록 우리가 그리스도도 육신을 따라 알았으나 이제부터는 그같이 알지 아니하노라"(고후 5:14-16)

06

선함의 열매

🙂 마음열기

1. 나는 위의 네 가지 중에서 어떤 유형의 사람입니까?

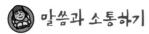

말씀과 소통하기

• 사도행전 9:36-43을 읽으세요.

36 욥바에 다비다라 하는 여제자가 있으니 그 이름을 번역하면 도르가
라 선행과 구제하는 일이 심히 많더니

37 그때에 병들어 죽으매 시체를 씻어 다락에 누이니라

38 룻다가 욥바에서 가까운지라 제자들이 베드로가 거기 있음을 듣고
두 사람을 보내어 지체 말고 와 달라고 간청하여

39 베드로가 일어나 그들과 함께 가서 이르매 그들이 데리고 다락방에
올라가니 모든 과부가 베드로 곁에 서서 울며 도르가가 그들과 함께
있을 때에 지은 속옷과 겉옷을 다 내보이거늘

40 베드로가 사람을 다 내보내고 무릎을 꿇고 기도하고 돌이켜 시체를
향하여 이르되 다비다야 일어나라 하니 그가 눈을 떠 베드로를 보
고 일어나 앉는지라

41 베드로가 손을 내밀어 일으키고 성도들과 과부들을 불러 들여 그가
살아난 것을 보이니

42 온 욥바 사람이 알고 많은 사람이 주를 믿더라

43 베드로가 욥바에 여러 날 있어 시몬이라 하는 무두장이의 집에서
머무니라

1. 욥바에 있는 베드로의 여제자 다비다(도르가)는 어떤 사람이며, 그가 어떻
게 되었습니까?(36-37)

2. 다비다의 죽음을 보고 과부들이 무엇을 베드로에게 내보였습니까?(38-
   39)

3. 베드로는 다비다를 어떻게 살렸습니까?(40-41)

4. 이 일이 일어난 후에 욥바에 있는 사람들에게 어떤 변화가 일어났습니
   까?(42-43)

•POINT•

하나님은 좋으신 분입니다. 하나님의 형상을 닮은 우리도 하나님처럼 선한 모습을
소유해야 합니다. 그 아버지에 그 아들입니다. 아버지 입장에서 보면 모두가 자녀입
니다. 그러나 형제들 입장에서 보면 경쟁자가 될 수 있습니다. 사람은 보는 대로 행
동하게 됩니다. 선함은 내 시각이 아니라 하나님의 시각으로 보는 것입니다. 주께 대
하듯 사람을 대하면 문제될 것이 없고 자비의 마음이 생깁니다. 선행은 하나님 나라
를 건설하는 좋은 방법입니다.

말씀과 공감하기

1. 선행은 자연스럽게 드러나게 됩니다. 다비다의 선행은 어떤 특징이 있습니까? 그리스도인은 어떻게 선행을 베풀어야 하는지 정리해 보십시오.(참고, 행 2:47)

말씀 Tip

가이사랴에 고넬료라 하는 사람이 있으니 이달리야 부대라 하는 군대의 백부장이라 그가 경건하여 온 집안과 더불어 하나님을 경외하며 백성을 많이 구제하고 하나님께 항상 기도하더니(행 10:1-2)

가난한 자를 불쌍히 여기는 것은 여호와께 꾸어 드리는 것이니 그의 선행을 그에게 갚아 주시리라(잠 19:17)

선한 양심을 가지라 이는 그리스도 안에 있는 너희의 선행을 욕하는 자들로 그 비방하는 일에 부끄러움을 당하게 하려 함이라(벧전 3:16)

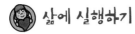 삶에 실행하기

1. 만약 오늘 내가 죽었다면 사람들이 나를 어떻게 평가할 것이라 생각합니까? 내가 선을 베푸는 데 가장 큰 걸림돌이 있다면 무엇입니까?

실천을 위한 Tip

선행의 원칙

• 나의 생활 속에서 작은 일이라도 선행을 베푸는 것이 있다면 무엇입니까? 그 속에서 주님의 이름이 드러나게 하려면 어떻게 선행을 베풀어야 한다고 생각하는지 나만의 원칙을 정해 보십시오.

나의 선행 원칙

1.

2.

3.

"너는 구제할 때에 오른손이 하는 것을 왼손이 (   )게 하여 네 구제함을 (   )하게 하라 은밀한 중에 보시는 너의 아버지께서 갚으시리라"(마 6:3-4)

인내의 열매

 마음열기

1. 위의 그림을 보고 느낀 점은 무엇입니까?

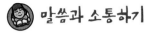
말씀과 소통하기

• 누가복음 2:25-39을 읽으세요.

25 예루살렘에 시므온이라 하는 사람이 있으니 이 사람은 의롭고 경건
   하여 이스라엘의 위로를 기다리는 자라 성령이 그 위에 계시더라
26 그가 주의 그리스도를 보기 전에는 죽지 아니하리라 하는 성령의
   지시를 받았더니
27 성령의 감동으로 성전에 들어가매 마침 부모가 율법의 관례대로 행
   하고자 하여 그 아기 예수를 데리고 오는지라
28 시므온이 아기를 안고 하나님을 찬송하여 이르되
29 주재여 이제는 말씀하신 대로 종을 평안히 놓아 주시는도다
30 내 눈이 주의 구원을 보았사오니
31 이는 만민 앞에 예비하신 것이요
32 이방을 비추는 빛이요 주의 백성 이스라엘의 영광이니이다 하니
33 그의 부모가 그에 대한 말들을 놀랍게 여기더라
34 시므온이 그들에게 축복하고 그의 어머니 마리아에게 말하여 이르
   되 보라 이는 이스라엘 중 많은 사람을 패하거나 흥하게 하며 비방
   을 받는 표적이 되기 위하여 세움을 받았고
35 또 칼이 네 마음을 찌르듯 하리니 이는 여러 사람의 마음의 생각을
   드러내려 함이니라 하더라
36 또 아셀 지파 바누엘의 딸 안나라 하는 선지자가 있어 나이가 매우
   많았더라 그가 결혼한 후 일곱 해 동안 남편과 함께 살다가
37 과부가 되고 팔십사 세가 되었더라 이 사람이 성전을 떠나지 아니하
   고 주야로 금식하며 기도함으로 섬기더니
38 마침 이 때에 나아와서 하나님께 감사하고 예루살렘의 속량을 바라
   는 모든 사람에게 그에 대하여 말하니라
39 주의 율법을 따라 모든 일을 마치고 갈릴리로 돌아가 본 동네 나사
   렛에 이르니라

1. 시므온은 어떤 사람이며 그는 성령의 어떤 지시를 받았습니까?(25-26)

2. 시므온이 어떻게 예수님을 만나게 되었는지 그 과정을 말해 보고, 만나서 어떤 찬양을 불렀는지 이야기해 보십시오.(27-35)

3. 안나는 누구이며, 그녀는 어떻게 예수님을 기다렸습니까?(36-37)

4. 안나가 예수님을 만나는 장면을 그려 보십시오.(38-39)

•POINT•

살다보면 인내가 생각처럼 쉽지 않음을 경험하게 됩니다. 믿음은 우리를 인내하게 합니다. 이 믿음은 약속에 대한 믿음입니다. 인간은 빨리 이루고자 하는 욕심이 자리 잡고 있기에 인내하기가 어렵습니다. 그러나 믿음의 사람들은 모두 인내했습니다. 인내와 기다림을 통해 우리는 자기 자신을 포기하고 하나님을 바라보게 됩니다. 믿음은 얼마나 인내하느냐에 따라 결정됩니다. 참고 기다리는 연습은 많은 면에서 우리를 유익하게 합니다.

말씀과 공감하기

1. 왜 하나님은 구하는 대로 당장 주시지 않고 오랜 인내를 통하여 응답하십
   니까? 인내하는 사람에게 주시는 하나님의 복은 무엇입니까?

 말씀 Tip

그러므로 하나님의 능하신 손 아래에서 겸손하라 때가 되면 너희를 높이시리라
(벧전 5:6)

우리가 선을 행하되 낙심하지 말지니 포기하지 아니하면 때가 이르매 거두리라
(갈 6:9)

인내를 온전히 이루라 이는 너희로 온전하고 구비하여 조금도 부족함이 없게 하
려 함이라(약 1:4)

보라 인내하는 자를 우리가 복되다 하나니 너희가 욥의 인내를 들었고 주께서
주신 결말을 보았거니와 주는 가장 자비하시고 긍휼히 여기시는 이시니라(약
5:11)

 삶에 실행하기

1. 현재 내가 인내하고 기다리고 있는 것이 있습니까? 인내의 결과로 받은 하나님의 은혜를 말해 보십시오.

실천을 위한 Tip

 인내를 점검해 보자

• 내가 인내하지 못하는 부분은 어떤 것입니까?
  (   )
• 인내하며 기다리기 위해서는 무엇을 가져야 합니까?
  (   )
• 인내함으로 복을 받은 사람들을 주변에서 찾아보십시오.
  (   )
• 인내하지 못하게 하는 이유들을 찾아보십시오.
  (   )

08

충성의 열매

 마음열기

〈나의 정절〉

모란봉아 통곡하라.
대동강아 천백세에 흘러가며 나와 함께 울자.
드리리다 드리리다. 이 몸이나마 주님께 드리리다.
칼날이 나를 기다리느냐?
나는 저 칼날을 향하며 나아가리라.
죽고 죽어 일백 번 다시 죽어도 주님 향한
나의 정절 변치 아니하리이다.

십자가, 십자가 주님 지신 십자가 앞에 이 몸을 드립니다.
우리 인생 살면 며칠입니까?
인생은 짧다고 의는 영원합니다.

주기철 목사님

1. 주기철 목사님의 충성스러운 신앙의 모습에서 도전 받는 내용은 무엇입니까?

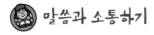

말씀과 소통하기

●마태복음 25:14-30을 읽으세요.

14 또 어떤 사람이 타국에 갈 때 그 종들을 불러 자기 소유를 맡김과 같으니

15 각각 그 재능대로 한 사람에게는 금 다섯 달란트를, 한 사람에게는 두
   달란트를, 한 사람에게는 한 달란트를 주고 떠났더니

16 다섯 달란트 받은 자는 바로 가서 그것으로 장사하여 또 다섯 달란트를
   남기고

17 두 달란트 받은 자도 그같이 하여 또 두 달란트를 남겼으되

18 한 달란트 받은 자는 가서 땅을 파고 그 주인의 돈을 감추어 두었더니

19 오랜 후에 그 종들의 주인이 돌아와 그들과 결산할새

20 다섯 달란트 받았던 자는 다섯 달란트를 더 가지고 와서 이르되 주인이여
   내게 다섯 달란트를 주셨는데 보소서 내가 또 다섯 달란트를 남겼나이다

21 그 주인이 이르되 잘하였도다 착하고 충성된 종아 네가 적은 일에 충
   성하였으매 내가 많은 것을 네게 맡기리니 네 주인의 즐거움에 참여할
   지어다 하고

22 두 달란트 받았던 자도 와서 이르되 주인이여 내게 두 달란트를 주셨는
   데 보소서 내가 또 두 달란트를 남겼나이다

23 그 주인이 이르되 잘하였도다 착하고 충성된 종아 네가 적은 일에 충
   성하였으매 내가 많은 것을 네게 맡기리니 네 주인의 즐거움에 참여할
   지어다 하고

24 한 달란트 받았던 자는 와서 이르되 주인이여 당신은 굳은 사람이라 심
   지 않은 데서 거두고 헤치지 않은 데서 모으는 줄을 내가 알았으므로

25 두려워하여 나가서 당신의 달란트를 땅에 감추어 두었나이다 보소서
   당신의 것을 가지셨나이다

26 그 주인이 대답하여 이르되 악하고 게으른 종아 나는 심지 않은 데서
   거두고 헤치지 않은 데서 모으는 줄로 네가 알았느냐

27 그러면 네가 마땅히 내 돈을 취리하는 자들에게나 맡겼다가 내가 돌아

와서 내 원금과 이자를 받게 하였을 것이니라 하고

28 그에게서 그 한 달란트를 빼앗아 열 달란트 가진 자에게 주라

29 무릇 있는 자는 받아 풍족하게 되고 없는 자는 그 있는 것까지 빼앗기리라

30 이 무익한 종을 바깥 어두운 데로 내쫓으라 거기서 슬피 울며 이를 갈

리라 하니라

1. 주인이 타국에 가면서 종들에게 각각 재능대로 자기 소유를 맡겼습니다. 어떻게 소유를 맡겼는지 말해 보십시오.(14-15)

2. 세 명의 종들은 받은 달란트를 어떻게 남겼습니까?(16-18)

3. 주인이 돌아와서 계산할 때 다섯 달란트와 두 달란트 받은 종들에게 한 말을 정리해 보십시오.(19-23)

4. 한 달란트 받은 종과 주인이 나눈 대화를 말해 보십시오.(24-30)

•POINT•

충성은 신실, 진실, 성실이라는 말입니다. 충성은 자기 일에도 해당되지만 사람과의 관계에도 해당됩니다. 일보다 관계에 먼저 충성하지 않으면 일에 대해서 충성하기도 어렵습니다. 일을 맡긴 사람에 대한 충성심이 있다면 주어진 일에도 그대로 나타납니다. 작은 일에도 충성해야 합니다. 내가 할 수 있는 일부터 충성을 다할 때 많은 일에도 충성할 수 있습니다.

말씀과 공감하기

1. 다섯 달란트와 두 달란트 받은 종들에게 배울 수 있는 장점은 무엇입니까? 반면에 한 달란트 받은 사람의 가장 큰 문제점은 무엇입니까?

 말씀 Tip

네가 죽도록 충성하라 그리하면 내가 생명의 관을 네게 주리라(계 2:10)

지극히 작은 것에 충성된 자는 큰 것에도 충성되고 지극히 작은 것에 불의한 자는 큰 것에도 불의하니라(눅 16:10)

그리고 맡은 자들에게 구할 것은 충성이니라(고전 4:2)

그런즉 너는 알라 오직 네 하나님 여호와는 하나님이시요 신실하신 하나님이시라 그를 사랑하고 그의 계명을 지키는 자에게는 천 대까지 그의 언약을 이행하시며 인애를 베푸시되(신 7:9)

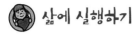 삶에 실행하기

1. 하나님은 충성된 사람을 찾으십니다. 충성스러운 사람이 되기 위해서 나는 어떤 점을 해결해야 하는지 말해 보십시오.

실천을 위한 Tip

- 현재 하나님이 나에게 맡기신 일은 무엇입니까?

  (   )

- 하나님이 주신 일을 충성스럽게 감당하기 위해서 나의 하루 스케줄을 어떻게 관리하고 있는지 점검해 보십시오.

  (   )

- 충성된 하나님의 사람으로 세움 받기 위해 현재 훈련 받고 있는 것은 무엇입니까?

  (   )

- 내게 맡기신 일에 대한 충성도에 점수를 준다면 몇 점 줄 수 있습니까?(10점 만점)

  (   )

09

절제의 열매

 마음열기

1. 왜 아담과 하와는 선악과를 먹었습니까? 왜 하나님이 정해 준 인간의 경
   계를 넘게 되었는지 이야기해 보세요.

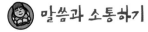
말씀과 소통하기

• 창세기 39:6-23을 읽으세요.

6 주인이 그의 소유를 다 요셉의 손에 위탁하고 자기가 먹는 음식 외에는 간섭하지 아니하였더라 요셉은 용모가 빼어나고 아름다웠더라

7 그 후에 그의 주인의 아내가 요셉에게 눈짓하다가 동침하기를 청하니

8 요셉이 거절하며 자기 주인의 아내에게 이르되 내 주인이 집안의 모든 소유를 간섭하지 아니하고 다 내 손에 위탁하였으니

9 이 집에는 나보다 큰 이가 없으며 주인이 아무것도 내게 금하지 아니하였어도 금한 것은 당신뿐이니 당신은 그의 아내임이라 그런즉 내가 어찌 이 큰 악을 행하여 하나님께 죄를 지으리이까

10 여인이 날마다 요셉에게 청하였으나 요셉이 듣지 아니하여 동침하지 아니할 뿐더러 함께 있지도 아니하니라

11 그러할 때에 요셉이 그의 일을 하러 그 집에 들어갔더니 그 집 사람들은 하나도 거기에 없었더라

12 그 여인이 그의 옷을 잡고 이르되 나와 동침하자 그러나 요셉이 자기의 옷을 그 여인의 손에 버려두고 밖으로 나가매

13 그 여인이 요셉이 그의 옷을 자기 손에 버려두고 도망하여 나감을 보고

14 그 여인의 집 사람들을 불러서 그들에게 이르되 보라 주인이 히브리 사람을 우리에게 데려다가 우리를 희롱하게 하는도다 그가 나와 동침하고자 내게로 들어오므로 내가 크게 소리 질렀더니

15 그가 나의 소리 질러 부름을 듣고 그의 옷을 내게 버려두고 도망하여 나갔느니라 하고

16 그의 옷을 곁에 두고 자기 주인이 집으로 돌아오기를 기다려

17 이 말로 그에게 말하여 이르되 당신이 우리에게 데려온 히브리 종이 나를 희롱하려고 내게로 들어왔으므로

18 내가 소리 질러 불렀더니 그가 그의 옷을 내게 버려두고 밖으로 도망하여 나갔나이다

19 그의 주인이 자기 아내가 자기에게 이르기를 당신의 종이 내게 이같
   이 행하였다 하는 말을 듣고 심히 노한지라
20 이에 요셉의 주인이 그를 잡아 옥에 가두니 그 옥은 왕의 죄수를 가
   두는 곳이었더라 요셉이 옥에 갇혔으나
21 여호와께서 요셉과 함께 하시고 그에게 인자를 더하사 간수장에게
   은혜를 받게 하시매
22 간수장이 옥중 죄수를 다 요셉의 손에 맡기므로 그 제반 사무를 요
   셉이 처리하고
23 간수장은 그의 손에 맡긴 것을 무엇이든지 살펴보지 아니하였으니
   이는 여호와께서 요셉과 함께 하심이라 여호와께서 그를 범사에 형
   통하게 하셨더라

1. 주인 보디발은 종인 요셉에게 어떤 직책을 맡겼습니까?(6)

2. 주인의 아내는 요셉을 어떻게 유혹했습니까? 그리고 요셉은 그것을 어떻
   게 거절했습니까?(7-13)

3. 보디발의 아내는 죄를 요셉에게 전가했는데 그 내용을 말해 보십시오.(14-18)

4. 그 결과 요셉은 어떻게 되었습니까?(19-23)

•POINT•

동물은 자기 분량만큼만 먹고 더 이상 먹지 않습니다. 하지만 인간은 배가 불러도
맛있는 음식을 보면 계속 먹습니다. 인간이 병들고 어렵게 되는 것은 모두 하나님이
정해 준 인간의 경계를 벗어나기 때문입니다. 절제는 인간을 인간되게 하는 힘입니
다. 자기의 위치를 알고 그 안에서 욕심 부리지 않고 행동하는 삶을 살면 하나님이
복을 주십니다. 모든 죄악은 욕심이 잉태하여 생기는 것입니다. 인간은 각자 자기만
의 자리가 있습니다. 자기 범위를 벗어나지 않는 것이 절제입니다.

말씀과 공감하기

1. 요셉이 보디발의 아내의 요구를 거절할 수 있었던 힘은 무엇입니까? 그렇게 함으로 요셉은 어떤 복을 받았습니까? 자기 분수를 알려면 어떻게 해야 합니까?

말씀
Tip

내게 주신 은혜로 말미암아 너희 각 사람에게 말하노니 마땅히 생각할 그 이상의 생각을 품지 말고 오직 하나님께서 각 사람에게 나누어 주신 믿음의 분량대로 지혜롭게 생각하라(롬 12:3)

하나님이 우리에게 주신 것은 두려워하는 마음이 아니요 오직 능력과 사랑과 절제하는 마음이니(딤후 1:7)

이기기를 다투는 자마다 모든 일에 절제하나니 그들은 썩을 승리자의 관을 얻고자 하되 우리는 썩지 아니할 것을 얻고자 하노라(고후 9:25)

 **삶에 실행하기**

1. 현재 내가 가장 절제하기 어려운 것은 무엇입니까? 왜 절제가 잘 안 된다고 생각하는지 말해 보십시오.

실천을 위한 Tip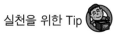

나의 절제 점검표

• 현재 나의 절제 점검표를 작성해 보십시오.

1 - 2 - 3 - 4 - 5 - 6 - 7 - 8 - 9 - 10

-언어생활:

-음식:

-성:

-게임과 놀이:

-스마트폰과 인터넷:

-쇼핑:

-취미생활:

-수면:

10

겸손의 열매

 마음열기

1. 위의 이야기를 읽고 겸손에 대해 느낀 점을 말해 보십시오.

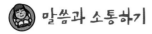

말씀과 소통하기

•마태복음 3:5-17을 읽으세요.

5 이때에 예루살렘과 온 유대와 요단 강 사방에서 다 그에게 나아와

6 자기들의 죄를 자복하고 요단 강에서 그에게 세례를 받더니

7 요한이 많은 바리새인들과 사두개인들이 세례 베푸는 데로 오는 것을 보고 이르되 독사의 자식들아 누가 너희를 가르쳐 임박한 진노를 피하라 하더냐

8 그러므로 회개에 합당한 열매를 맺고

9 속으로 아브라함이 우리 조상이라고 생각하지 말라 내가 너희에게 이르노니 하나님이 능히 이 돌들로도 아브라함의 자손이 되게 하시리라

10 이미 도끼가 나무 뿌리에 놓였으니 좋은 열매를 맺지 아니하는 나무마다 찍혀 불에 던져지리라

11. 나는 너희로 회개하게 하기 위하여 물로 세례를 베풀거니와 내 뒤에 오시는 이는 나보다 능력이 많으시니 나는 그의 신을 들기도 감당하지 못하겠노라 그는 성령과 불로 너희에게 세례를 베푸실 것이요

12 손에 키를 들고 자기의 타작 마당을 정하게 하사 알곡은 모아 곳간에 들이고 쭉정이는 꺼지지 않는 불에 태우시리라

13 이때에 예수께서 갈릴리로부터 요단 강에 이르러 요한에게 세례를 받으려 하시니

14 요한이 말려 이르되 내가 당신에게서 세례를 받아야 할 터인데 당신이 내게로 오시나이까

15 예수께서 대답하여 이르시되 이제 허락하라 우리가 이와 같이 하여 모든 의를 이루는 것이 합당하니라 하시니 이에 요한이 허락하는지라

16 예수께서 세례를 받으시고 곧 물에서 올라오실새 하늘이 열리고 하나님의 성령이 비둘기같이 내려 자기 위에 임하심을 보시더니

17 하늘로부터 소리가 있어 말씀하시되 이는 내 사랑하는 아들이요 내 기뻐하는 자라 하시니라

1. 세례를 받으러 오는 사람들에게 요한은 무엇이라 말했습니까?(5-12)

2. 요한에게 세례를 받으려 하는 예수님을 향해 요한은 무엇이라 말합니까?
   (13-14)

3. 예수님은 요한에게 세례 받음을 허락하라고 말했습니다. 왜 그런지 이야
   기해 보세요.(15)

4. 예수님이 세례를 받으실 때 어떤 일이 일어났습니까?(16-17)

•POINT•

인간은 겸손하기가 가장 어렵습니다. 겸손해지려면 자기가 누구인지 알아야 하는데
그러려면 자기보다 위대한 사람을 만나야 합니다. 스스로 겸손하기도 어렵고 자기
보다 위대한 사람을 만나기는 더욱 어렵습니다. 가장 좋은 방법은 하나님을 만나는
것입니다. 가장 위대한 하나님을 만나면 자연히 겸손해집니다. 하나님 앞에 서는 훈
련과 하나님을 신뢰하는 과정을 통해 인간은 겸손해집니다.

말씀과 공감하기

1. 예수님이 세례 요한에게 세례를 받는 모습을 통해 발견되는 영적 교훈은 무엇입니까? 세례 요한과 예수님의 행동을 통해서 어떻게 해야 겸손해질 수 있는지 말해 보십시오.

말씀
Tip

그는 흥하여야 하겠고 나는 쇠하여야 하리라 하니라(요 3:30)

겸손한 자는 먹고 배부를 것이며 여호와를 찾는 자는 그를 찬송할 것이라 너희 마음은 영원히 살지어다(시 22:26)

여호와를 경외하는 것은 지혜의 훈계라 겸손은 존귀의 길잡이니라(잠 15:33)

나는 마음이 온유하고 겸손하니 나의 멍에를 메고 내게 배우라 그리하면 너희 마음이 쉼을 얻으리니(마 11:29)

그러므로 하나님의 능하신 손 아래에서 겸손하라 때가 되면 너희를 높이시리라 (벧전 5:6)

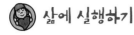 삶에 실행하기

1. 예수님과 세례 요한의 겸손함을 보며 어떤 면에서 도전을 받았는지 말해 보십시오. 내가 겸손하지 못하는 가장 큰 이유는 무엇이라고 생각하는지 그 내용들을 열거해 보십시오.

실천을 위한 Tip

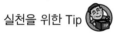 겸손을 훈련하라

• 겸손은 그냥 이루어지는 것이 아닙니다. 나를 포기하는 대가를 지불해야 합니다. 나를 포기하고 낮추려면 어떻게 해야 하는지 말해 보십시오. 현재 나의 삶에서 겸손을 훈련하는 영역이 있습니까? 나는 그것을 어떻게 적용하고 있습니까?

"네 마음이 교만하여 네 하나님 여호와를 잊어버릴까 염려하노라 여호와는 너를 애굽 땅 종 되었던 집에서 이끌어 내시고 너를 인도하여 그 광대하고 위험한 광야 곧 불뱀과 전갈이 있고 물이 없는 건조한 땅을 지나게 하셨으며 또 너를 위하여 단단한 반석에서 물을 내셨으며 네 조상들도 알지 못하던 만나를 광야에서 네게 먹이셨나니 이는 다 너를 ( )시며 너를 ( )하사 마침내 네게 ( )을 주려 하심이었느니라"(신 8:14-16).